Eugen Pfeffer

Papier-
Batik
Wachstechnik

Frech-Verlag Stuttgart

Inhalt

Die wiedergegebenen Arbeiten stammen
vom Verfasser, der als Kunsterzieher tätig
war.
Farbfotos: Dietmar Pleil, Plochingen.

ISBN 3-7724-0349-2   Art.-Nr. 664

© 1978 · 2. Auflage 1979

Frech-Verlag GmbH + Co. Druck KG,
Stuttgart
Druck: Druckerei Frech, Stuttgart

Vorwort

Wenn von *Papierbatik* die Rede ist, denkt man unwillkürlich an die *Falttechnik:* falten und tauchen. Die hier beschriebene *Wachstechnik* lernte ich vor Jahren bei einer Kunsterziehertagung an der Lehrerakademie Comburg kennen. Die dort gezeigten Schülerarbeiten haben mich so beeindruckt, daß ich diese Technik in meinen Kunstunterricht an der Realschule aufnahm. Unsere Schülerarbeiten fanden in verschiedenen Ausstellungen starke Beachtung.

Diese Wachsmaltechnik auf Papier bedingt eine Beschränkung in Farben und ein Weglassen unwichtiger Bildelemente. Man lernt dabei, das Wesentliche zu erfassen und darzustellen.

Seitdem beschäftige ich mich intensiv mit dieser Technik. Dabei fand ich heraus, daß als Malgrund Japanpapier in verschiedenen Stärken und Strukturen unerschöpfliche Möglichkeiten bietet.

Die Batikfarben werden — wie beim Aquarellieren — mit dem Pinsel aufgetragen. Das bedeutet eine wesentliche Vereinfachung, wenn man an die umständlichen Farbbäder denkt. Gewöhnliches Kerzenwachs genügt: mit einer Redisfeder wird es der brennenden Kerze entnommen.

Papierbatik mit Wachs auf Japanpapier

Im Unterschied zu anderen Batiktechniken wird bei der Papierbatik mit Wachs das Papier nicht gefaltet und auch nicht in Farbbäder getaucht. Die in einer bestimmten Farbe auszusparenden Flächen des Papiers werden – ähnlich wie bei der Stoffbatik – mit heißem Wachs abgedeckt und die Papierfläche anschließend mit dem Pinsel eingefärbt. Es entspricht dem allgemeinen Grundsatz der Batik, daß man auch dabei in der Regel von der hellen zur dunkleren Farbe fortschreitet. (Über Stoffbatik von Mühling: Das Batikbuch; über Faltbatik von Gudrun Gaißer: Papierbatik, Falten und Tauchen; beide im Frech-Verlag erschienen.)

Zum Abdecken kann gewöhnliches Kerzenwachs verwendet werden. Der Malgrund ist Japanpapier. Da solche Papiere in verschiedener Stärke und Struktur verwendbar sind, gibt es entsprechend viele Bildwirkungen. Dünne Papiere ergeben Wirkungen wie beim Aquarell, während stärkere Papiere kräftigere Kontraste erzeugen. Allen mit Wachs hergestellten Batikbildern ist die leuchtende Transparenz gemeinsam, die davon herrührt, daß Wachs das Papier lichtdurchlässig macht. Diese Transparenz kann am Schluß durch mehr oder weniger starkes Ausbügeln des Wachses beeinflußt werden.

Bild 2:
Papierbatik auf dünnem Japanpapier.
Farbfolge: Gelb, Hellblau, Braun, Dunkelblau. Bildgröße: 50 x 60 cm mit Passepartout.

7

a) Malgerät für Technik mit Redisfeder und Kerze.

Während Stoffbatikarbeiten mehr kunstgewerblichen Charakter tragen, lassen sich Batikbilder dieser Art als Malerei verstehen, weil der Malgrund das Papier ist. Das ist aus den Farbwiedergaben in diesem Buch zu erkennen. Auch sind in der Wahl von Motiven, seien es Blumen, Landschaften, figürliche oder abstrakte Themen, praktisch keine Grenzen gesetzt.

Malgerät und Farben

Das heiße Wachs zum Abdecken kann entweder mit der Redisfeder (Schnurzugfeder für Blockschrift) aus einer brennenden Kerze oder mit dem Borstenpinsel aus einem Wachstopf entnommen werden. Das Wachs wird hierzu im Wasserbad auf einem Elektrokocher heiß und flüssig gemacht.

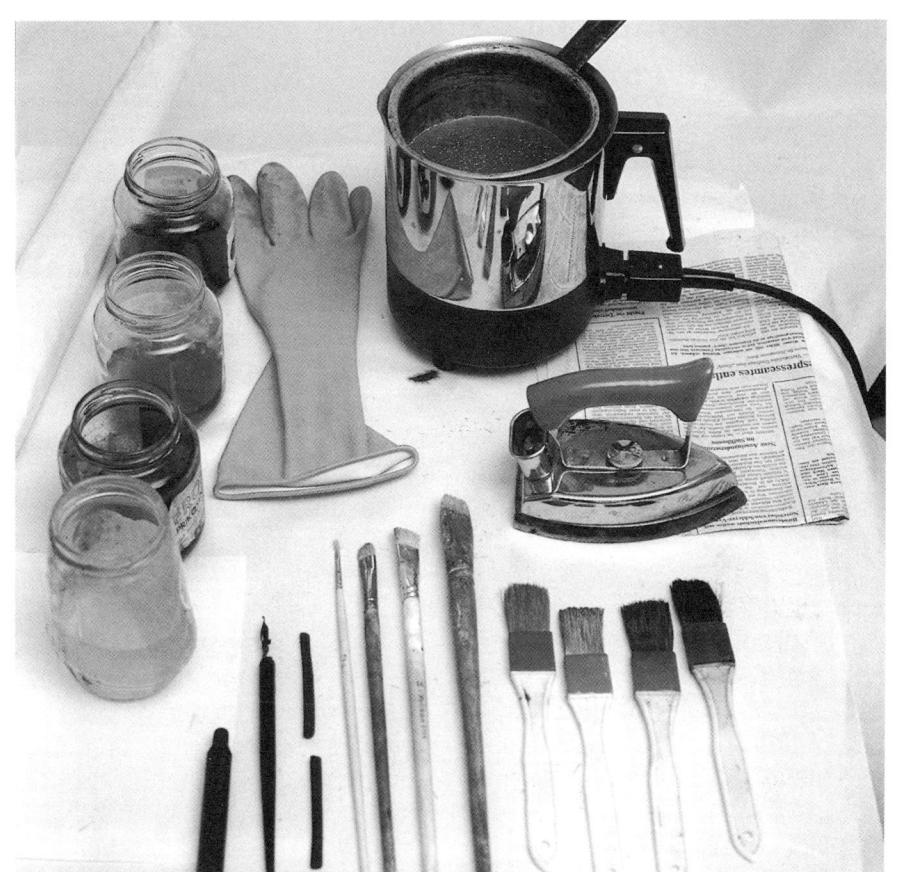

b) Malgerät für Technik mit Borstenpinsel und Wachs.

a) Für die Technik mit Redisfeder und Kerze

Die Technik mit Redisfeder und Kerze eignet sich vor allem für kleinformatige Bilder und Miniaturen, wobei sich die 1- und 2-mm-Feder als am geeignetsten erweist. Vor allem die 2-mm-Feder läßt sich vielseitig verwenden. Da sie aus Stahl ist und dem Druck nachgibt, lassen sich vielseitige Strukturen und auch Flächenfüllungen ausführen, während das bei der Stoffbatik verwendete Batikröhrchen (Tjianting) in der Hauptsache nur für lineare Umrisse gedacht und deshalb für die Batikmalerei auf Papier weniger geeignet ist. Auch läßt sich damit das Auftragen des heißen Wachses nicht so gut regulieren wie mit der Redisfeder, die mit einem runden Plättchen an der Spitze versehen ist, das flach auf das Papier aufgelegt wird, wie es von ihrer Verwendung für Blockschrift bekannt ist. Die Feder muß für den Wachsauftrag über der Kerzenflamme immer wieder erhitzt und Wachs aus der Kerze entnommen werden.

b) Für die Technik mit Borstenpinsel und Wachs

Die Technik mit Borstenpinsel und heißem Wachs ist für großformatige Bilder vorgesehen. Unter Verwendung feiner oder gröberer Pinsel können sowohl Linien gezogen als auch größere Flächen abgedeckt werden. Natürlich kann diese Methode mit der Federtechnik kombiniert werden, wenn es gleichzeitig darum geht, Details auszuführen und größere Flächen abzudecken.

Arbeitsplatz

Als Arbeitsplatz für die Batiktechnik mit Feder und Kerze ist nicht mehr Platz erforderlich als für irgendeine Schreibarbeit. Deshalb kann diese Technik auch in der Schule mit einer ganzen Klasse durchgeführt werden, was bei der Stoffbatik nicht denkbar ist. Für großformatige Bilder braucht man mehr Platz, weil größere Farbmengen, ein Wachstopf und Elektrokocher hinzukommen.

Farben, Pinsel und Papier

Als Farben sollten wie bei den anderen Batiktechniken nur lichtechte Batikfarben verwendet werden, auf keinen Fall Aquarellfarben, weil sie durch das Papier schlecht durchdringen und nicht dieselbe Leuchtkraft besitzen. Zur haltbaren Aufbewahrung der Farben sind luftdicht verschließbare Gefäße erforderlich (Marmeladengläser mit Schraubverschluß, Plastikdosen o. ä.). Es sind keine so großen Farbmengen wie bei anderen Batiktechniken erforderlich, weil das Papier mit dem Pinsel übermalt und nicht getaucht wird.

Für das Einfärben der Malfläche genügen im Kleinformat normale Malpinsel, während für das Großformat breite Pinsel dienlicher sind. Die Trocknung der Farben zwischen den einzelnen Arbeitsgängen kann durch einen Haarfön beschleunigt werden. Das Ausbügeln der Batikarbeiten nach dem letzten Arbeitsgang erfolgt mit einem normalen Bügeleisen zwischen zwei Zeitungsblättern. Die Druckerschwärze hinterläßt keine Spuren.

Für die Papierbatik als Wachstechnik lassen sich Japanpapiere verschiedener Stärke und Struktur verwenden. Die für die Faltbatik am besten verwendbare Papiersorte (12–16 g/qm) läßt sich auch für die Wachsbatik am vielseitigsten verwenden.

Handhabung des Malgeräts

Bild 5:
Entnehmen des Wachses aus der Kerze
Das Wachs muß für das Abdecken wiederholt aus der Kerze entnommen und über der Flamme erhitzt werden.

Bild 6:
Abdecken der in einer bestimmten Farbe auszusparenden Flächen und Konturen mit heißem Wachs.

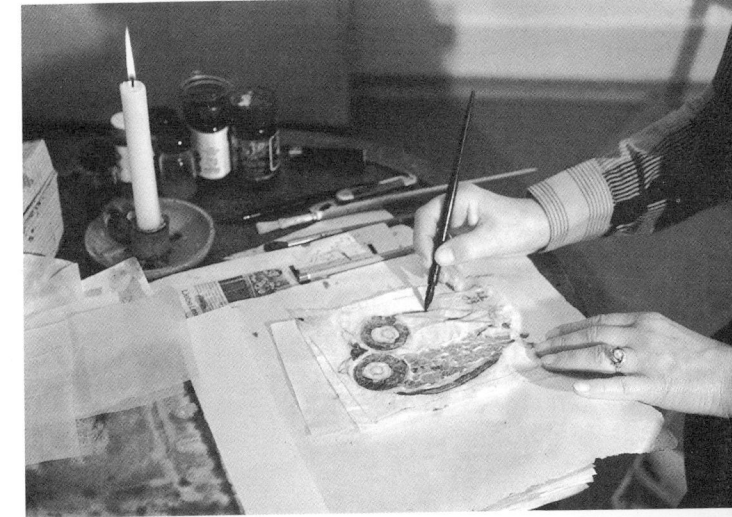

Bild 7:
Einfärben des ganzen Blattes in der gewünschten Farbe mit dem Pinsel

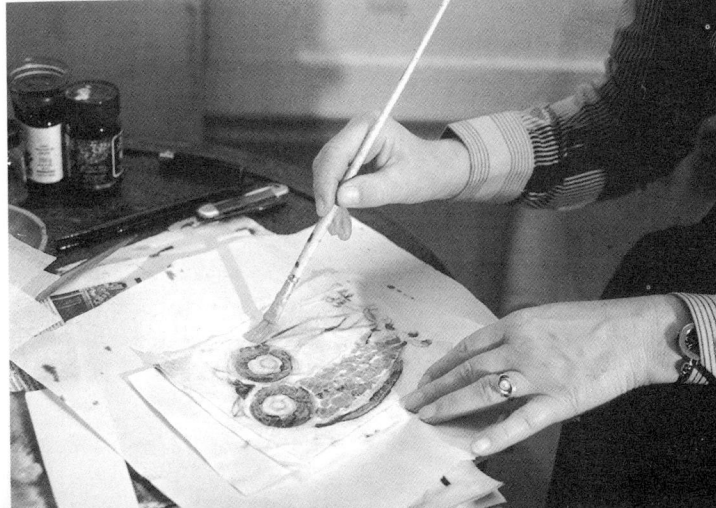

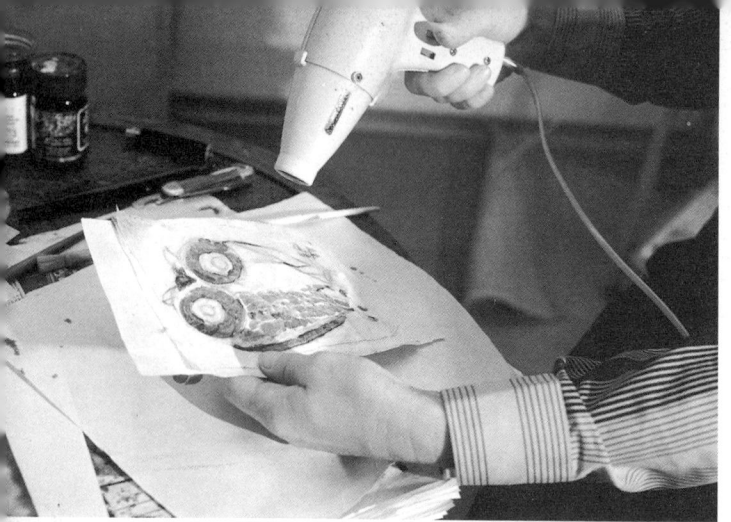

Bild 8:
Trocknen mit Haarfön. Besser von selbst trocknen lassen, weil Farbe mehr eindringt.

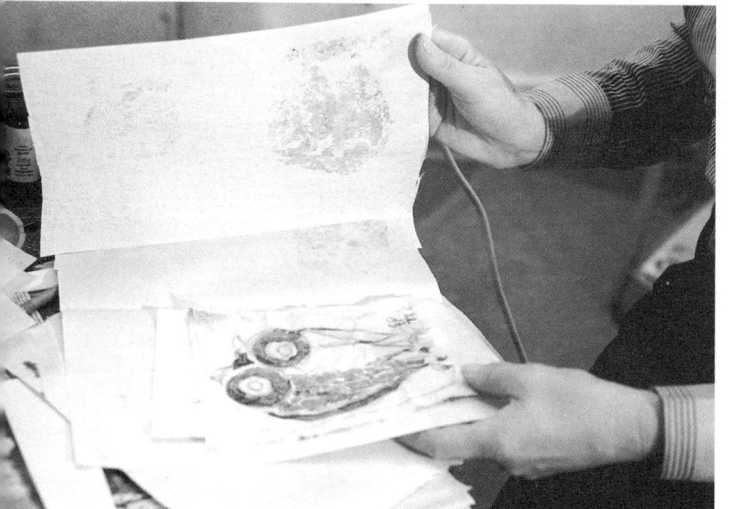

Bild 9:
Vorbereitung zum Bügeln. Auszubügelnde Arbeit zwischen zwei bedruckte oder unbedruckte Zeitungsblätter legen.

Bild 10:
Ausbügeln des Wachses mit heißem Bügeleisen. Druckerschwärze hinterläßt keine Spuren.

Die verschiedenen Arbeitsgänge

Aufzeichnung des Motivs

Dem Anfänger wird empfohlen, den Entwurf mit einer 2-mm-Redisfeder und Tusche auf normales Zeichenpapier zu zeichnen. Das durchscheinende Japanpapier wird daraufgelegt und mit Aktenklammern seitlich befestigt. Die Zeichnung scheint durch, und man hat gleichzeitig eine Unterlage beim Arbeiten. Das dünne Japanpapier wird beim Abdecken mit heißem Wachs geschont und überschüssige Farbe von der Unterlage aufgenommen. Gleichzeitig hat man auf der Unterlage eine Kontrolle, ob das Wachs durchgedrungen ist, indem man die Arbeit gegen das Licht hält.

Der Entwurf kann auch mit Zeichenkohle direkt auf das Japanpapier gezeichnet werden. In diesem Fall läßt sich als Unterlage irgendein saugfähiges Papier verwenden (z.B. unbedrucktes Zeitungspapier). Zeichenkohle eignet sich für den Entwurf am besten, weil sie keine Spuren hinterläßt. Im Kleinformat kann auch ein weicher Bleistift verwendet werden. Die Umrisse müssen auf einfache Formen reduziert und unnötige Details vermieden werden. Die Art der Technik zwingt zu dieser Vereinfachung. (Bild oben)

13

Erste Abdeckung und Einfärbung (hellblau)

Zweite Abdeckung und Einfärbung (hellgrün)

In unserem Beispiel mit der Eule wurde Weiß als Papierfarbe gewählt (auch mit gelbem Japanpapier kann begonnen werden, und man spart sich dadurch eine Einfärbung). Es müssen zuerst die Teile des Motivs mit der Redisfeder und heißem Wachs abgedeckt werden, die weiß bleiben sollen. Darauf folgt die erste Einfärbung. In unserem Fall wurde Hellblau gewählt. Die Farbe wird mit dem Pinsel über das ganze Blatt gestrichen, auch über die bereits mit Wachs bedeckten Stellen. (Siehe Bild oben)

Die Blauabdeckung kann erst nach der vollständigen Trocknung der Farbe erfolgen. Nun ist zu überlegen, welche Teile des Bildes hellblau bleiben sollen und deshalb mit Feder und heißem Wachs abgedeckt werden müssen. Anschließend wird gelbe Farbe über das ganze Blatt gestrichen. Das Blatt kann vorher geknittert werden, um die bereits erfolgten Wachsabdeckungen auch für die gelbe Farbe durchlässig werden zu lassen. Alle nicht mit Wachs bedeckten Teile des Blattes färben sich nun hellgrün (Mischfarbe aus Hellblau und Gelb).

14

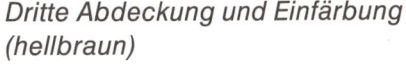

Dritte Abdeckung und Einfärbung (hellbraun)

Nach dem Trocknungsprozeß der Grünfärbung kann die nächste Abdeckung erfolgen. Sind die für Hellgrün vorgesehenen Teile des Bildes mit Wachs abgedeckt (zur richtigen Verteilung Kontrolle gegen das Licht), kann wieder gefärbt werden. Als nächste Farbe wird ein mittleres Braun aufgetragen, was mit Hellgrün als Mischfarbe Hellbraun ergibt.

Letzte Abdeckung und Einfärbung (dunkelblau)

Jetzt sollte genau überlegt werden, wie Hellbraun, das bei der vorangegangenen Färbung aufgetragen wurde, gut im Bild verteilt und abgedeckt wird (Kontrolle gegen das Licht). Vor der letzten Einfärbung kann das Blatt noch einmal durch Knittern mit Wachsbrüchen versehen werden.
Als letzte Farbe, die gleichzeitig Hintergrundfarbe ist, wurde ein dunkles Blau gewählt, weil es die gewünschten Kontraste bringt und das Motiv aus dem dunklen Blau hervortreten läßt. Das Dunkelblau dringt überall ein, wo noch kein Wachs aufgetragen wurde. Eine Abdeckung der letzten Farbe ist nicht erforderlich.

Ausbügeln zwischen Zeitungspapier

Die fertige Batik wird zwischen zwei einfache Zeitungsblätter gelegt. Wie schon eingangs erwähnt wurde, kann stark oder leicht ausgebügelt werden. Verbleibende Wachsreste erhöhen die Transparenz und zusätzlich auch die Reißfestigkeit, vor allem bei dünnem Japanpapier. Nach dem Ausbügeln des Wachses treten die Batikfarben, die während des Arbeitsprozesses stumpf erschienen, in ihrer vollen Leuchtkraft hervor. Je nach der verwendeten Papierstärke wird das Bild transparent wie ein Aquarell oder kontrastreich wie ein farbiges Glasfenster.

Über die Farbgebung

Zum Trocknen der Farben zwischen den einzelnen Arbeitsgängen ist noch zu bemerken, daß es vorteilhafter ist, wenn die Farben langsam trocknen. Sie dringen dann besser in das Papier und in die Wachsbrüche ein. Außerdem können in der Zwischenzeit neue Überlegungen für die nächste Abdeckung und Einfärbung angestellt werden. Soll der Hintergrund einen hellen Farbton behalten, muß die Abdeckung entsprechend früher vorgenommen werden. Selbstverständlich können mehr oder weniger Abdeckungen und Einfärbungen als in unserem

Bild 16

Beispiel gewählt werden. Das kann von der gewünschten Farbdifferenzierung, von der Wahl des Motivs oder anderen Überlegungen abhängen.

Was die Farbenfolge betrifft, so kann natürlich eine beliebig andere Reihenfolge als in unserem Beispiel gewählt werden. Es ist nur zu beachten, daß stets auf die hellen die dunkleren Farben folgen müssen und jede Einfärbung eine neue Farbmischung ergibt. Dem Helligkeitsgrad nach folgen Weiß, Gelb, Orange, Rot, Grün, Violett und Blau aufeinander. Batikfarben sind im Handel in Pulverform erhältlich und im heißen Wasser löslich.

Für den Anfänger genügen zu-

Bild 16: Federtechnik. Farbfolge: Weiß, Gelb, Rot, Blau.

Bild 17: Aufzeichnung mit Redisfeder (2 mm) und Tusche auf Zeichenpapier. Papierbatik nach nebenstehendem Entwurf auf dünnem Japanpapier, das über die Zeichnung gelegt wurde. Farbfolge: Weiß, Gelb, Rot, Schwarz.

Bild 17

nächst die Grundfarben Gelb, Rot und Blau, die die Mischfarben Orange, Violett und Grün ergeben. Die Mischungen der Farben Rot mit Grün, Gelb mit Violett sowie Orange mit Blau ergeben neutrale Brauntöne. Alle Farben lassen sich durch Zugabe von Wasser aufhellen und mit Schwarz abtönen.

Wie aus den Arbeitsanleitungen hervorgeht, erfolgt das Mischen der Farben bei der Papierbatik nicht auf der Palette, sondern auf dem Papier selbst. Dadurch wird diese Maltechnik zur anschaulichen Farbenlehre und eignet sich deshalb auch besonders für den Kunstunterricht in den Schulen.

farben ergeben, so braucht auch der Laie nicht viel von der Farbenlehre zu wissen, sondern erfährt sie am praktischen Beispiel.*

Durch den verschieden starken Druck mit der Redisfeder läßt sich beim Abdecken eine verschieden starke Durchdringung des Papiers mit Wachs erreichen. Als Folge davon dringt auch die Batikfarbe, vor allem bei dünnen Papieren, nicht gleichmäßig ein, was beim fortschreitenden Malprozeß von selbst die gewünschten Farbabstufungen ergibt. Am Schluß der Arbeit erstaunt es, wieviele unterschiedlichen Tonstufen sich mit wenigen Farben erzielen lassen. Auf diese Weise werden die Farben auch gebrochen, was den Batikarbeiten ihren malerischen Charakter verleiht.

Motiv-Vorschläge

Harmonisierung der Farben

Das Malen mit dieser Technik hat gegenüber den herkömmlichen Maltechniken verschiedene Vorteile. Sie zwingt von selbst zu einer gewissen Beschränkung in den Farben, weil bei jedem Arbeitsgang das ganze Blatt nur mit einer Farbe überstrichen wird. Das führt zu einer harmonischen Ausgewogenheit der Farben im Bild. Wenn man dann noch bedenkt, daß sich nach jeder Einfärbung ganz bestimmte Misch-

Blumenmotive, Landschaften und Figürliches

Es ist naheliegend, daß sich Blumenmotive auf diese Weise am besten verwirklichen lassen, weil die Blumenblätter durch die Batiktechnik besonders duftig wirken (Farbgeäder, Craquelée). Für das Batiken von Blumen ist kein beson-

* Wer sich aber mit Farbenlehre theoretisch und praktisch beschäftigen will, sei auf das hervorragend geschriebene Werk von Paul Renner, „Ordnung und Harmonie der Farben" hingewiesen.

Bild 20: Technik mit Borstenpinsel.

Bild 18/19: Blumen lassen sich sowohl mit der Federtechnik, mit der Borstenpinseltechnik, im Durchmalverfahren als auch mit einer Methode ausführen, bei welcher der Wachsabdruck nach dem Ausbügeln als Grundlage für ein neues Bild verwendet werden kann.
Je nach der Form der Blumenblätter verwendet man die Redisfeder oder den Borstenpinsel für die Gestaltung der Blattstruktur (Pinselduktus). Die Blätter der Sonnenblumen im Umschlagbild wurden mit einem solchen Druck des steifen Borstenpinsels ausgeführt, d. h. mit heißem Wachs abgedeckt. Näheres erfahren Sie hierzu auf Seite 44 unter dem Titel „Andere Möglichkeiten".

deres Zeichentalent erforderlich, weil die Phantasie die schönsten Formen hervorbringt. Wer glaubt, aus der Vorstellung nicht entwerfen zu können, kann es nach der Natur versuchen oder eine gute Fotografie zu Hilfe nehmen, darf dabei aber nur das Wesentliche übernehmen. Vom bloßen Abzeichnen sollte sich auch der Laie freimachen. Schwieriger wird es bei Landschaften und figürlichen Themen, weil man glaubt, dazu besonders begabt sein zu müssen. Aber auch das stimmt nicht. Erinnern wir uns, was über das Aufzeichnen des Entwurfes ge-

Bild 21: Kombinierte Technik mit Redisfeder (2 mm) und Borstenpinsel.

sagt wurde. Die Batiktechnik fordert den Verzicht auf überflüssige Details. Weglassen zugunsten des Wesentlichen bedingt die künstlerische Aussage im Sinne echter Kunst. Auch Form- und Farbverfremdungen sind Mittel zur Ausdruckssteigerung.

Damit sind wir da angelangt, wo auch vermeintlich Unbegabte ihr Talent entdecken können, beim freien Spiel der Farben. Dafür sind in diesem Buch Beispiele zu finden. Ohne besonderes Talent im Zeich-

nen wurde ein gutes Gefühl für Farben entwickelt. Jeder Hobbymaler erkennt seine Fähigkeiten und Grenzen selbst und wird an dieser Maltechnik viel Freude haben.

Die Maltechnik der Papierbatik kommt vor allem dem Laienmaler entgegen, weil sowohl bei Blumenmotiven als auch Landschaften und Figürlichem keine Einzelheiten erforderlich sind und die jeweilige Farbe über das ganze Blatt gemalt wird. Dadurch entsteht nicht Buntheit, sondern Farbigkeit im Bild.

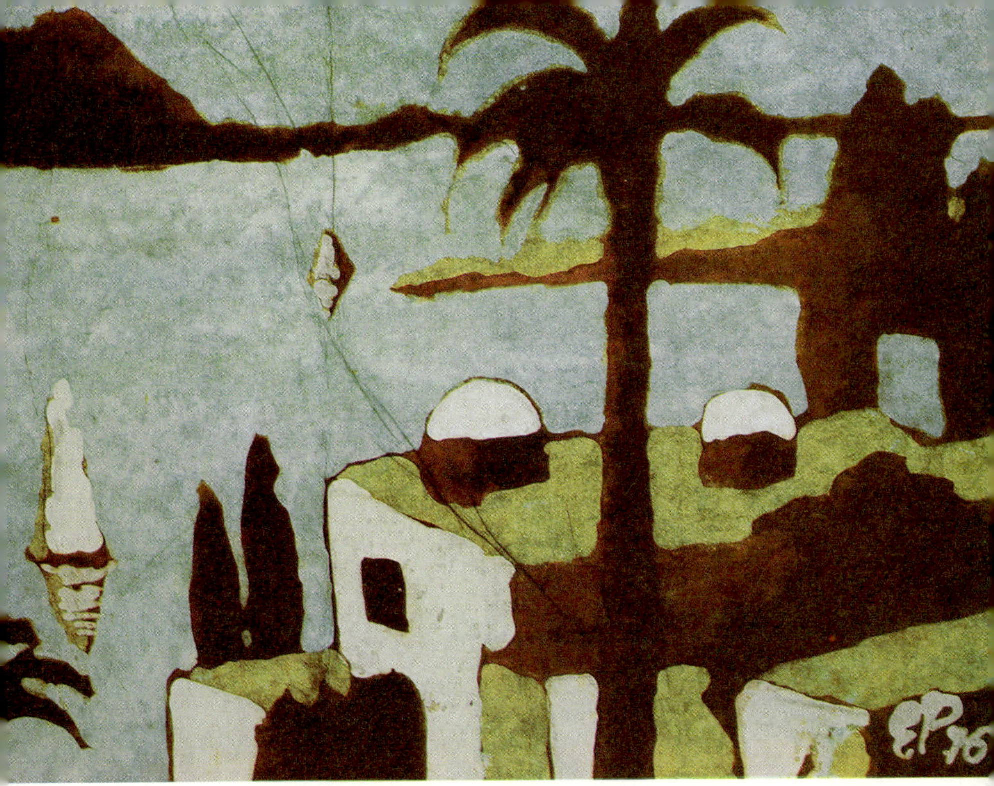

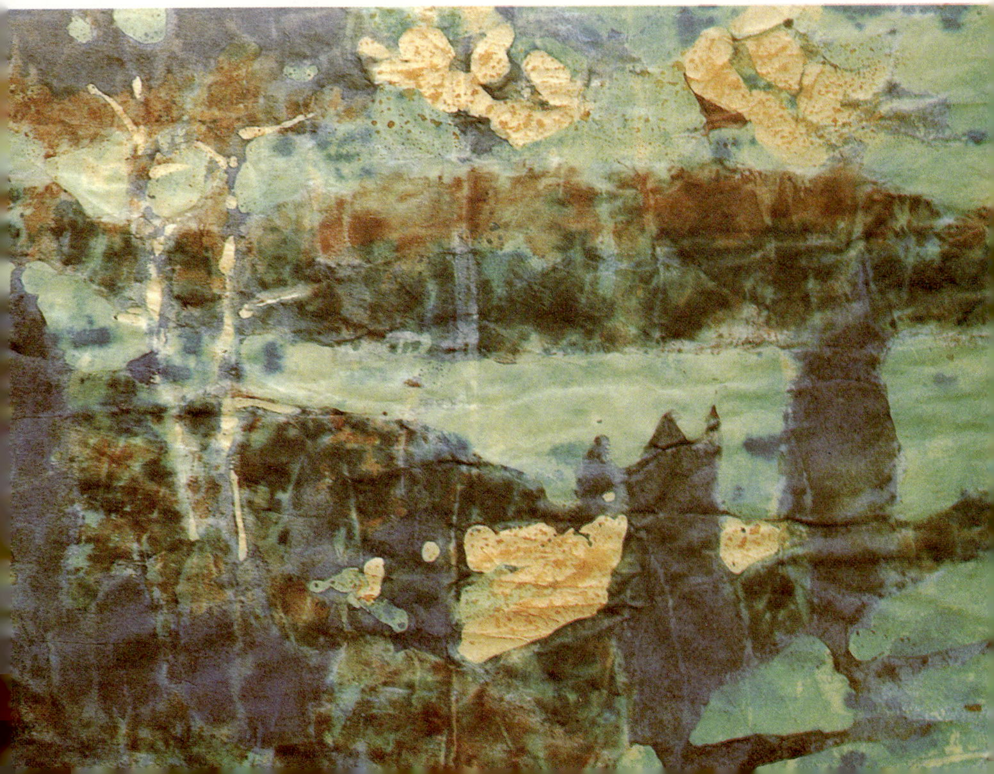

d 25 (links):
*lle Birkenstämme
eten sich für Weiß-
*deckung an
orstenpinseltechnik).

*Bild 26:
Winterlandschaft –
gute Möglichkeit für
viel Weißabdeckung
(Orange wurde nach
der Weißabdeckung
nicht über das ganze
Blatt, sondern nur
partiell eingefärbt
und abgedeckt).*

Bild 28 (oben): Der Arbeit „Unsere Stadt" liegt eine Tuschezeichnung mit der 2-mm-Feder zugrunde. Die Häusergruppierung mit Fachwerkaussparungen ist für die Batikarbeit gut geeignet.

Auf die Zeichnung wurde ein dünnes Japanpapier gelegt, das die Tuschestriche durchscheinen läßt. Nun erfolgte zunächst mit der Redisfeder und heißem Wachs die Weißabdeckung der linearen Strukturen des Bildes, nach der Gelbeinfärbung des ganzen Blattes die Gelbabdeckung, nachdem die Farbe getrocknet war. Da ein helles Gelb verwendet wurde, ergab sich nach der darauf folgenden Blaueinfärbung als Mischfarbe Blaugrün. Nun braucht nur noch einmal abgedeckt zu werden, um in die frei gebliebenen Flächen sowie in die Wachsbrüche das Dunkelblau einfließen zu lassen.

Bild 27 (links):
Der Bildausschnitt zeigt eine kombinierte Feder- und Borstenpinseltechnik. Der helle Hintergrund (grün) wurde vor den dunklen Farben abgedeckt. Die dunkelste Farbe ist am Schluß in die wachsfrei gelassenen Bildteile eingeflossen. Der Bügelabdruck eines derartigen Bildes kann für ein neues Batikbild verwendet werden.

Wie werden Batikbilder gerahmt?

In den Erläuterungen der Maltechnik wurde bereits erwähnt, daß Batikbilder je nach der Verwendung verschiedener Japanpapiere auch eine unterschiedliche Bildwirkung haben. Bilder auf dünnem Papier sind stark lichtdurchlässig und brauchen einen hellen Papiergrund (Passepartout), um ihre volle Leuchtkraft zu entwickeln. Sie sind Aquarellen ähnlich und wie diese unter Glas zu rahmen. Am besten eignen sich rahmenlose Bildträger, die als Wechselrahmen preiswert im Handel erhältlich sind. Ist trotzdem ein Rahmen erwünscht, sollte dieser hell und schmal sein, um den zarten Farben des Bildes keinen Abbruch zu tun.

Bilder, die auf stärkeren Papieren und mit kräftigeren Farben gemalt sind, vertragen auch einen breiteren Rahmen, müssen aber nicht unbedingt unter Glas gerahmt werden. Die modernere Art des Aufblockens auf beschichtete Preßspanplatten hat den Vorteil, daß die Farben ohne störenden Reflex der Glasscheibe unmittelbarer auf den Beschauer wirken. In diesem Fall sollte das Bild zum Schutz der Oberfläche mit einem farblosen Mattlack überzogen werden. Ob es bündig, d.h. mit der Bildfläche abschließt oder ein heller Rand wie bei Aquarellen belassen wird, hängt vom Bild ab.

Es gibt schließlich noch eine weitere Möglichkeit, wie transparente Papierbatiken, die kräftige Kontraste aufweisen, verwendet werden können. Infolge der Durchdringung mit Wachs haben sie eine besondere Wirkung, wenn man sie gegen das Licht hält. Sie können – zwischen zwei Plexiglasscheiben gebracht – am Fenster aufgehängt werden. Auch können die im Handel für großformatige Farbdias erhältlichen Wand- und Tischleuchten mit einer solchen Wachspapierbatik versehen werden. Dadurch ist die Beleuchtung mit künstlichem Licht gegeben, für die aber auch noch andere Möglichkeiten zu finden sind.

Bild 29:
Beispiel für Federtechnik im Bildformat 30 x 40 cm. Bis zu dieser Bildgröße kann noch mit der Redisfeder gearbeitet werden. Bei dieser Arbeit ist der Hintergrund (Himmel) die zweite Abdeckung. Die dunkelsten Stellen wurden wachsfrei gelassen, so daß auch hier die Technik des Wachsabdruckverfahrens angewandt werden kann.

Bild 30 (oben): Die „verschneite Stadt" als Thema bot die Möglichkeit ausgiebiger Weißabdeckung. Als nachfolgende Farbe wurde Rotorange gewählt, um das darauf folgende Blau zu Blauviolett abzuwandeln. Orange bringt Wärme in das Bild.
Die Arbeit kann als Beispiel gelten, wie auch mit nur zwei Einfärbungen ein befriedigendes Ergebnis erzielt werden kann. Dieses Bildbeispiel eignet sich auch für die Anwendung in der Schule. Aufgezeichnet wird (siehe auch S. 29) zweckmäßig mit Tusche auf Zeichenpapier. Dann erfolgt die Papierbatik auf dem darüber liegenden dünnen Japanpapier (siehe auch S. 34).
(Reine Federarbeit ohne Hintergrundabdeckung.)

Bild 31 (rechts): Beispiel eines Bildes im Durchmalverfahren auf einem stark strukturierten Japanpapier.

Zur Anwendung der Technik in der Schule

Für die Altersstufen der 10- bis 16-Jährigen sind Erfahrungen vorhanden und Beispiele im Buch enthalten. Sie stammen aus der früheren Tätigkeit des Verfassers als Kunsterzieher an einer Realschule. Die Technik mit Redisfeder und Kerze hat sich als durchführbar mit Klassen bis zu 35 Schülern erwiesen, auch wenn kein besonderer Zeichensaal vorhanden ist und der Malunterricht im Klassenzimmer durchgeführt werden muß. Der einzelne Schüler benötigt nicht mehr Platz als in einem anderen Unterrichtsfach, wenn sich der Lehrer mitbetätigt, indem er jeweils das Einfärben der Schülerarbeiten übernimmt. Dies scheint auch geboten wegen der Gefährdung der Kleidung durch die Batikfarben. Selbstverständlich soll der Schüler selbst die Farbenfolge bestimmen. Der Lehrer kann dabei beratend wirken und praktische Farbenlehre vermitteln. Die Ergebnisse sind verschieden und bieten bei der abschließenden gemeinsamen Besprechung die Möglichkeit einer Vertiefung der gewonnenen Erkenntnisse.

Dem Lehrer kommt – mehr als bei anderen herkömmlichen Techniken – eine lenkende Aufgabe zu. Leerlauf zwischen den einzelnen Arbeitsgängen kann vermieden werden, wenn die Unterrichtsvorberei-tungen gut getroffen werden und der Lehrer sich nach den rasch und langsamer arbeitenden Schülern richtet. Das Günstigste ist, wenn die Unterrichtsstunde mit einer Einfärbung abschließt und die Arbeiten – im Zeichenschrank aufbewahrt – bis zur nächsten Malstunde trocknen können. Um so spannender ist das Weitermachen.

Zum Schluß stellt sich noch die Frage nach der Zeit für die Fertigstellung einer Arbeit. Dies hängt vorwiegend vom Thema ab, doch werden 2 bis 3 Doppelstunden im allgemeinen ausreichen. Der Malunterricht hat immer seine besonderen Probleme gegenüber anderen Unterrichtsstunden. Warum sollte man aber eine Klasse nicht auch einmal mit einer Technik bekannt machen, die zwar noch unbekannt ist, aber neue Gestaltungsmöglichkeiten bietet? Die Technik gehört, auch wenn sie auf dem Batikprinzip beruht, nicht in den Werkunterricht, sondern in das Fach Kunsterziehung – Malen und Zeichnen.

Bild 32: Das Märchenthema vom „Kalif Storch" (als figürliches Beispiel) wurde ebenfalls als reine Federtechnik mit Linear- und Flächenstruktur gestaltet. Von den aufeinanderfolgenden Farben Gelb zu Grün (durch Hellblaueinfärbung) zu Blaugrün (nach kräftiger Blaufärbung) wurde die Hintergrundfarbe nicht abgedeckt, was immer möglich ist, wenn als Hintergrund die dunkelste Farbe gewählt wird. Im allgemeinen ist dies zu empfehlen, weil bei langwieriger Flächenabdeckung mit der Feder leicht die Geduld erlahmt.

Bei Weiß und Gelb im Bild ist zu erkennen, daß die Redisfeder das heiße Wachs mit unterschiedlichem Druck auf das Papier abgegeben hat und dunkle Farben durchdringen ließ. Derselbe Effekt ist durch das Knittern des Papieres zu erreichen.

Bild 33 (links):
Kombinierte Feder- und
Pinseltechnik, wobei
feine Details (Schmuck)
mit der 1-mm-Redisfeder
abgedeckt wurden.

Bild 34 rechts:
Wachsabdruck-Verfahren
(an anderer Stelle bereits
erwähnt, s. Bildbeispiel
Seite 39). Wichtig
dabei ist, daß der Bügel-
abdruck auf einem für
Wachs aufnahmefähigen
Papier erfolgt ist und der
Hintergrund des Bildes
nach Möglichkeit wachs-
frei gelassen wurde.

Bild 35 (links):
Durchmalverfahren:
Hier wurden zwei dünne
Japanpapiere aufein-
andergelegt. Das untere
Blatt nimmt weniger
Wachs und Farben auf,
deshalb unterschied-
liche Bildwirkung.
Nachträgliches Ver-
ändern in der Farb-
gebung ist möglich.

Bild 36 (rechts):
Wachsabdruck-
verfahren:
Dieses Bild entstand
durch den Bügel-
abdruck einer Batik.
Vom Wachs unberührte
Flächen nehmen vor
allem dunklere Farben
auf, während die vom
Wachs nur wenig be-
rührten Flächen teils
durchlässig sind.
Es wird auch hier in
verschiedenen Arbeits-
gängen von hell nach
dunkel über das ganze
Bild gefärbt.

Freudenstadt

Durchmalverfahren

Dünnes Japanpapier wird über stärkeres gelegt. Die Wachsabdeckung und Einfärbung dringt durch beide Papiere (Kontrolle gegen das Licht). Mit verschieden intensiven Farbaufträgen lassen sich Farbabstufungen bewirken. Da das Wachs auf das untere Blatt weniger stark eindringt, werden dadurch die linearen Strukturen abgeschwächt, die malerische Wirkung erhöht und eine weiche, tonige Durchmischung der Farben erreicht.

Verwendet man verschieden farbige Japanpapiere (z.B. Weiß und Gelb), erhält man trotz Motivgleichheit infolge der unterschiedlichen Farbmischungen andersfarbige Bilder. Durch Farbkorrekturen am zweiten Blatt lassen sich nachträg-

liche Verbesserungen durchführen. Die Blätter müssen zu diesem Zweck voneinander getrennt werden, was in trockenem Zustand trotz der Durchdringung mit Wachs möglich ist. Durch Knittern des Papiers bricht das Wachs und läßt Farbe durch.

Das Ausbügeln sollte erst am Schluß erfolgen.

(Siehe Bild links oben.)

Wachsabdruck-Verfahren

Bei diesem Verfahren handelt es sich um die Verwendung des Bügelabdrucks am Schluß einer Batikarbeit als Grundlage für ein neues Bild. Für das Ausbügeln dürfen in diesem Fall keine bedruckten Zeitungsblätter verwendet werden, sondern nur andere unbedruckte, saugfähige Papiere.

Nicht jeder Wachsabdruck eignet sich jedoch für diese Malmethode. Er darf nicht zu stark mit Wachs getränkt sein und sollte genügend wachsfreie Stellen haben, in die mit anderen Farben hineingearbeitet werden kann. Das muß bei den Wachsabdeckungen einer Papierbatik, deren Bügelabdruck später für ein neues Bild dienen soll, im voraus bedacht werden.
(Siehe Bild Seite 43 oben)

Dekoratives, ornamentales und abstraktes Gestalten

Hier erschließen sich auch dem weniger talentierten Hobbymaler viele interessante Gestaltungsmöglichkeiten. Sei es die symmetrische oder asymmetrische Flächenfüllung. Stets ist Raum für das freie Spiel der Phantasie.
Die Wachstechnik führt von selbst zu flächigem Gestalten, zu einfachen Formen, und in der Farbgebung zu harmonischer Ausgeglichenheit wie zu farblicher Spannung. Einfache Flächengestaltungen mit geometrischen Formen führen – wie das nebenstehende Beispiel zeigt – zu guten Bildwirkungen.

Andere Möglichkeiten

Der Umfang dieses Buches, das hauptsächlich eine Anleitung für die Technik sein soll, erlaubt nicht, auch noch näher auf die besonderen Feinheiten einzugehen, die diese wenig bekannte Maltechnik für Fortgeschrittene bietet. Es müßte einem weiteren Buch überlassen bleiben, noch tiefere Einblicke in die fortgeschrittenere Batikmalerei zu gewähren.[*]
Solche Möglichkeiten sind in Bildbeispielen in diesem Buch angeklungen, wie man z. B. beim Verwenden bestimmter Papierstärken ein Durchmalverfahren entwickeln oder unter besonderen Voraussetzungen auch den Wachsabdruck beim Ausbügeln als Grundlage für ein neues Bild verwenden kann.
Ist in einem Bild keine Weißabdeckung erwünscht oder notwendig, kann das weiße Japanpapier vor der ersten Abdeckung mit jedem beliebigen hellen Farbton eingefärbt werden. (Siehe Beispiel Sonnenblumen im Umschlagbild.) Durch verschiedene Grundeinfärbungen, die in der Helligkeit abgestuft sein können, lassen sich die beabsichtigten Bildwirkungen beeinflussen und die weiteren Wachsabdeckungen und Einfärbungen ausrichten.

Um seine Maltechnik Interessenten besser zugänglich zu machen, hat der Verfasser am 1. 9. 1977 in Esslingen, Bahnhofstr. 27/I eine Galerie eröffnet, in der er hauptsächlich seine Papierbatiken zeigt. Dort befindet sich auch sein Atelier. Besucher, auch solche, die bei der Vorführung der von ihm entwickelten Maltechnik zusehen wollen, sind jederzeit willkommen.

Bild 41 (links) kann als Beispiel dafür gelten, wie auch der zeichnerisch Unbegabte mit der Batiktechnik im freien Spiel mit Form und Farbe eine gute Bildwirkung erzielen kann. Diese wird durch den Übergang von hellen zu dunkleren Farben infolge des jeweiligen Übermalens der ganzen Fläche von selbst geschaffen.

Bild 42: Das Bild einer südlichen Landschaft erlaubt kräftige Kontraste in den Grundfarben Rot und Blau. Grün ist stärkster Farbgegensatz zu Rot. Die Stämme der Pinien steigern durch Weißabdeckung ebenfalls den Kontrast. Die Pinienkronen – für die dunkelste Farbe offen gelassen – vollenden das Kräftespiel der Farben.
Farbenfolge: Weiß, Blau, nach Gelb zu Grün verwandelt und schließlich Rot, das durch Grün teilweise gebrochen wurde, als Abschluß Dunkelblau. (Vier Abdeckungen und Einfärbungen.)

BATIKEN
auf Papier und Stoff

4 Anleitungsbücher

Gudrun Gaisser **PAPIERBATIK**
48 Seiten, 34 Farbfotos, 6 sw-Fotos, 16 Zeichnungen,
Art.-Nr. 601.

Ute Wildschütte-Daniel **BATIKEN.** Ein Grundlehrgang.
48 Seiten, 51 Farbbilder, 9 sw-Fotos, Art.-Nr. 633.

Ernst Mühling **DAS BATIK-BUCH**
72 Seiten, 47 Fotos, 16 Zeichnungen, 10 Farbseiten,
Art.-Nr. 557.

Anne Maile **BINDEN UND FÄRBEN**
96 Seiten, 300 Zeichnungen, 15 Fotos, Art.-Nr. 554.

frech-verlag